A MESSIEURS LES MEMBRES

DE LA SOCIÉTÉ DES AUTEURS DRAMATIQUES.

MÉMOIRE

SUR LA FÉERIE

LE CRI-CRI

Que de rêves évanouis sur le palier d'un théâtre !

EUGÈNE CHATELAIN.

PARIS

1859

A MESSIEURS LES MEMBRES

DE LA SOCIETÉ

DES AUTEURS DRAMATIQUES.

MESSIEURS,

Les nombreux procès qu'a fait naître la féerie le CRI-CRI, le scandale qui en résulte, et les commentaires plus ou moins contradictoires qui circulent au palais, au théâtre, dans la presse et dans le public, m'ont fait un devoir impérieux d'éclairer la Société des auteurs dramatiques, laquelle a un immense intérêt à ce que des faits de cette nature ne se reproduisent plus à l'avenir.

M. ERNEST FANFERNOT, ex-élève du lycée impérial de Bourges, tour à tour artiste dramatique en France, en Belgique, en Hollande, puis trucquiste-mécanicien, frappé du retard de la machination des théâtres de Paris, étudie pendant dix années les progrès qu'on pourrait y apporter, et consacre à ce travail son temps, ses veilles et souvent sa santé.

En l'année 1857, M. Fanfernot crée une pièce féerie dans laquelle il introduit l'application de trois brevets d'invention, sur les huit qu'il possède, et divers systèmes nouveaux pour les machinations et pour le dessin des costumes; puis il machine un petit théâtre, fait un scénario de sa pièce, et va modestement porter son œuvre à M. Doutrevaux, directeur du théâtre des Funambules. (*Pièces à l'appui.*)

1859

M. Doutrevaux trouve la pièce jolie, mais pour la jouer il recule devant la dépense.

Sur le conseil qui lui est donné, au lieu de : *Le Grillon, ou le Génie du Foyer*, M. Fanfernot intitule sa pièce : LE CRI-CRI.

Voilà comment est née la féerie qui devait donner tant de tribulations à son auteur.

En septembre 1857, le théâtre des Délassements allait faire sa réouverture par la féerie l'*Escarcelle d'or*. M. Fanfernot est appelé à faire une partie des trucs. Il rencontre alors un nommé RAYGNARD, qui venait d'y être engagé comme machiniste, cause avec lui de ses systèmes nouveaux, et lui fait voir les trucs de sa pièce machinés sur son petit théâtre.

Bientôt Raygnard quitte les Délassements, sans avoir pu achever la pièce l'*Escarcelle d'or*, et perd de vue M. Fanfernot. Mais il le retrouvera plus tard, lui demandera de l'occupation dans ses ateliers, et, par reconnaissance, lui intentera un procès par lequel il tendra à s'approprier les trucs de la féerie le *Cri-Cri*. (*Pièces à l'appui*.)

M. Fanfernot, mal payé de ses travaux au théâtre, a pris le dégoût de la France ; il a l'âge de se créer une position ; il faut qu'il élève sa petite famille, il s'expatriera. L'on monte un théâtre à Constantinople, il ira demander à l'Orient de recevoir ses inventions et de patronner son intelligence.

L'*Agence Borssat* doit former la troupe de ce nouveau théâtre ; M. Fanfernot va demander à partir.

Il voit BORSSAT, lui montre ses modèles de costumes, lui parle de ses inventions et de sa pièce le *Cri-Cri*. Borssat flaire une bonne affaire ; il présentera M. Fanfernot dans un théâtre de Paris ; mais, pour honoraires, il entend devenir *l'auteur de l'œuvre de son client*.

M. Fanfernot est mis en rapport avec M. Desnoyers, directeur de l'Ambigu-Comique, qui, après avoir examiné sérieusément l'ouvrage, proteste contre les prétentions de Borssat, qui a « *l'impudeur de vouloir donner son nom à une pièce » qui lui est complétement étrangère, en réclamant les » droits d'auteur, tandis qu'il ne lui serait dû qu'une » commission comme intermédiaire.* » (*Paroles de feu M. Desnoyers.*)

M. Desnoyers reçoit donc le *Cri-Cri* à M. Fanfernot seul, et au besoin il lui trouvera un collaborateur.

Les travaux de cette féerie devaient commencer le 10 février 1858. (*Lettre de M. Desnoyers à l'appui.*) Hélas ! trois jours avant, M. Desnoyers meurt !... Le *Cri-Cri* ne se jouera pas à l'Ambigu....

La tombe de M. Desnoyers est à peine fermée que Borssat fait insérer dans divers journaux, notamment dans la *Revue des théâtres*, n° du 15 février 1858, que lui, « *Borssat, est » l'auteur d'une grande féerie reçue à l'Ambigu, qui doit » faire courir tout Paris.* »

Borssat veut à tous prix être un des auteurs de cette pièce. Il tient à joindre à son titre d'*acteur* et d'*agent de théâtre* celui d'auteur dramatique. Pour cela, il passera par toutes les conditions qui lui seront imposées.

La pièce est offerte à M. de Chilly, successeur de M. Desnoyers; mais le moment n'est pas propice à une féerie pour la nouvelle direction.

Quelques jours après, M. Fanfernot entre en pourparlers avec M. Hippolyte Cogniard, directeur des Variétés, qui trouve la pièce trop forte pour le cadre de son théâtre.

Borssat tient à l'auteur du *Cri-Cri*. Une société pour fonder un atelier d'accessoires de théâtre est formée entre lui et MM. Roubault, directeur du théâtre de Reims, et Fanfernot.

M. Roubault fournira les fonds; M. Fanfernot donnera son travail et son intelligence ; quant à Borssat, il touchera un tiers des bénéfices. Enfin, une des clauses de l'acte de société fixait un dédit de six mille francs à payer par celui des associés qui romprait le premier.

Trois mois s'écoulent. M. Roubault n'ayant pu continuer à compter l'argent nécessaire aux travaux de la pièce de *Faust*, entrepris par la société, la dissolution eut lieu, sans que M. Fanfernot touchât aucune indemnité.

Pour payer les ouvriers, six cents francs furent empruntés à un nommé Jacob par Borssat. Cet emprunt fut fait sur la signature de M. Fanfernot, qui souscrivit un billet de *huit cents francs* pour six cents.

Des renouvellements devaient avoir lieu jusqu'au moment où le *Cri-Cri* serait joué sur un théâtre quelconque.

Pendant le temps qu'il montait la pièce de *Faust*, M. Fanfernot rencontra M. D'Ennery, dont l'appréciation en matière de théâtre devait lui être utile. Il soumit donc son scénario du *Cri-Cri* à celui qui, plus que tout autre, pouvait reconnaître la juste valeur de son œuvre.

De son côté, Borssat *prôna* à un des employés de M. Billion, directeur du Cirque impérial, *sa fameuse pièce le Cri-Cri*, *ses* trucs, *ses* effets de lumière et *son* éléphant mécanique, les deux nouvelles inventions de M. Fanfernot engagées pour *Faust*.

Le scénario du *Cri-Cri* était dans les mains de M. D'Ennery, l'auteur en vogue. Cette féerie pouvait passer dans un théâtre voisin du Cirque.

Ceci tenta M. Billion. Borssat conduisit ce dernier chez M. Fanfernot.

Après avoir pris connaissance de l'œuvre intellectuelle et avoir fait un minutieux examen des dessins des costumes, des trucs et des diverses inventions qui devaient assurer à cette pièce un immense succès, M. Billion déclara qu'elle lui *revenait de droit*. Mais il voulait les effets de lumière et l'éléphant mécanique, et promettait de dépenser *cent mille francs* pour cette féerie.

A cet effet, un traité, le seul qui existe avec M. Billion, fut signé entre lui, Borssat et MM. Hugelmann et Fanfernot.

Par un traité antérieur, M. Hugelmann avait fait des promesses pécuniaires pour acheter sa collaboration. Il devait faire une avance de trois mille francs à M. Fanfernot. Puis il fut dit qu'*un tiers des droits d'auteur serait réservé à un M. X.* (M. Billion.) (*Pièces à l'appui.*) Cette clause resta une des conditions verbales, mais non écrites, du traité du 15 septembre 1858.

M. Fanfernot, confiant dans l'expérience de Borssat, dans les promesses de M. Hugelmann et dans la loyauté de M. Billion, signa tous les traités. Hélas! il était perdu, et son œuvre allait être engloutie.

Ici commence la série de toutes les vicissitudes que devait éprouver cette féerie, qui, malgré les protestations judiciaires de M. Fanfernot, devait aboutir à une œuvre bâtarde, n'ayant plus de la pièce reçue que le titre, et pour *auteurs véritables* MM. Billion et Hugelmann.

TRAITÉ DU 15 SEPTEMBRE 1858.

« Entre les soussignés :

» MM. Billion, Hugelmann, Borssat et Fanfernot,

» A été convenu ce qui suit :

» M. Hugelmann, soussigné, s'engage à livrer à M. Billion au plus tard le 15 octobre prochain le manuscrit *achevé* d'une pièce-féerie en trente-deux tableaux, intitulée *Cri-Cri*.

» MM. Borssat et Fanfernot s'engagent à établir à leurs frais et à fournir tout confectionnés et fonctionnant d'une manière complète tous les trucs de ladite pièce dont ces messieurs ont donné le devis.

» Ces divers trucs devront tous être livrés au plus tard le 15 janvier 1859. Mais il est bien entendu qu'au fur et à mesure qu'ils seront établis, ils seront mis à la disposition de M. Billion, afin qu'il puisse en activer les répétitions.

» Pour le tableau des Lilliputiens, il est parfaitement stipulé que M. Billion n'aura autre chose à fournir que le plancher sur lequel ces messieurs s'engagent à faire manœuvrer tous leurs personnages costumés et machinés conformément à leur devis.

» MM. Borssat et Fanfernot s'engagent aussi à *apporter des effets de lumière nouveaux pour lesquels M. Fanfernot a obtenu un brevet et à ne faire paraître lesdits effets sur aucun théâtre, ni dans aucun établissement public, avant qu'ils n'aient été produits sur le théâtre impérial du Cirque. La même clause est applicable à l'éléphant mécanique inventé et exécuté par M. Fanfernot.*

» MM. Borssat et Fanfernot demeureront propriétaires de tous les objets qu'ils fournissent pour la susdite pièce à la fin des représentations du *Cri-Cri.*

» Les objets fournis par ces messieurs leur seront rendus, et MM. Borssat et Fanfernot les accepteront dans l'état où ils se trouveront alors, sans avoir aucune indemnité à réclamer à M. Billion.

» M. Fanfernot s'engage en outre à assister à toutes les représentations du *Cri-Cri*, afin de diriger les trucs; de plus, il se charge de toutes les réparations qui seraient nécessaires afin de ne pas entraver le cours régulier des représentations dudit ouvrage.

» De son côté, M. Billion s'engage à mettre en répétition la pièce intitulée *Cri-Cri* aussitôt après la première représentation de *Maurice de Saxe*, de manière à ce que la susdite pièce soit prête à passer dans la deuxième quinzaine de janvier, et même plus tôt si c'est possible.

» M. Billion s'engage encore à ne pas suspendre les représentations dudit ouvrage tant que le chiffre des recettes ne sera pas tombé audessous des frais journaliers.

» Fait à Paris entre nous et de bonne foi, le quinze septembre milhuit cent cinquante-huit. »

(*Suivent les quatre signatures.*)

Ce traité prouve d'une manière évidente que la féerie le *Cri-Cri* existait avant le 15 septembre 1858, alors que M. Hugelmann n'avait encore apporté aucune collaboration. Une des clauses lui accordait un mois pour *achever* le manuscrit, mais non une année pour le détruire.

Borssat et M. Fanfernot s'engageaient plus spécialement dans la partie matérielle, quoique ce traité prouve par sa rédaction que M. Fanfernot était le seul des trois auteurs sur lequel reposait le succès de cette féerie.

M. Hugelmann, sitôt en possession du traité, déclara partout qu'il était l'*auteur* de la féerie le *Cri-Cri*.

Le numéro du *Figaro* du 25 septembre 1858 nécessita la rectification suivante, que M. Fanfernot exigea de M. Hugelmann.

« Paris, le 25 septembre 1858.

» Monsieur le Rédacteur en chef,

» La pièce intitulée *Cri-Cri* reçue au théâtre du Cirque-Impérial a pour auteurs MM. Gabriel Hugelmann, Hippolyte Boyssat et Ernest Fanfernot; elle est en trente-deux tableaux, et non en vingt comme l'a annoncé le *Figaro* d'aujourd'hui.

» Soyez assez bon pour insérer ces lignes mercredi prochain afin que mes collaborateurs ne soient pas plus longtemps en dehors d'une responsabilité dont le tiers me semble déjà bien lourd.

» Votre dévoué serviteur,

» G. HUGELMANN. »

Figaro-Programme, 27 septembre 1858.

Malgré cette lettre, M. Hugelmann avait la ferme volonté de détourner à son profit l'œuvre qui avait coûté tant de travail à son véritable auteur.

Aussi que fit-il?

D'abord, sans l'avis de ses collaborateurs, il changea complétement la fable primitive du *Cri-Cri*. Puis, au quatrième tableau du premier acte, il voulut, pour satisfaire une mesquine vengeance personnelle contre MM. Marc Fournier et Adolphe D'Ennery, introduire deux personnages ridicules et poltrons sous le nom de *Fourneau* et *Pandolphe*.

M. Fanfernot protesta. Il voulait une féerie, mais non un pamphlet.

Enfin, M. Hugelmann, loin de tenir ses promesses pécuniaires du traité du 21 août 1858, demanda à engager les droits d'auteur par un emprunt, pour l'exécution du traité du 15 septembre, dans lequel il est dit que les auteurs doivent fournir les trucs de la féerie à leurs frais.

Pourquoi M. Billion leur imposa-t-il cette condition, qui devait être une des causes principales des procès actuellement pendants devant les tribunaux ?

C'est que, contrairement aux règles du théâtre, *M. Billion s'étant réservé un tiers des droits d'auteurs* évalua sa part approximativement à une somme de 15,000 francs, en se basant sur le chiffre des recettes des féeries le *Turlututu* et le *Diable d'argent* (1).

Mais pour dissimuler sa conduite, il fit stipuler dans le traité que le matériel fourni par les auteurs leur retournerait à la fin des représentations comme devenant inutile à la direction.

Il n'y avait plus à reculer, il fallait commencer les travaux. La clause du traité relative aux effets de lumière et à l'éléphant mécanique avait été remplie. (*Lettre de M. Billion à l'appui* (2).

Un troisième traité fut rédigé et signé entre Borssat et MM. Hugelmann et Fanfernot, pour se procurer les sommes nécessaires aux travaux, c'est-à-dire les 15,000 francs de droits d'auteurs exigés par M. Billion.

Un sieur Héblot, chef de claque au théâtre du Cirque-Impérial, certain du succès de l'œuvre de M. Fanfernot, consentit, sur le traité de M. Billion, moyennant une délégation spéciale et par privilége de 10,500 francs sur les droits des auteurs, à fournir une somme de 9,000 francs.

---

(1) Le *Cri-Cri* qui vient d'être joué n'a produit, après quatre-vingts représentations, qu'un total de 12,000 francs de droits d'auteurs.

(2) C'est à la générosité de M. Marc-Fournier, directeur du théâtre de la P rte Saint-Martin, que M. Fanfernot dut le retrait de ses nouvelles inventions, sans avoir eu à subir aucun procès en dommages-intérêts ; M. Fournier n'ayant pas voulu entraver la réception au Cirque impérial de l'œuvre de M. Fanfernot.

Une des premières conditions de ce prêt fut que M. Fanfernot rembourserait sur cet emprunt un billet de 500 francs souscrit à son ordre par M. Hugelmann et protesté par le sieur Héblot, auquel il avait été passé.

La somme à recevoir ne s'élevait donc plus qu'à 8,500 fr.

Un premier versement de 4,000 francs eut lieu entre les mains de Borssat.

M. Fanfernot loua des ateliers, prit des ouvriers et commença l'exécution des travaux. Mais Borssat se tint à l'écart du travail matériel comme il l'avait fait à l'égard du travail intellectuel, ce qui motiva, quelques mois après, une mise en demeure signifiée à Borssat à la requête de M. Fanfernot.

Le mois d'octobre 1858 était terminé que M. Fanfernot attendait encore le manuscrit *achevé*, sans lequel il ne pouvait livrer le reste de ses maquettes; mais il avait déjà livré les modèles de cent costumes à M. Billion, qui n'en fit exécuter aucun.

La nomination de M. Hostein en remplacement de M. Billion à la direction du Cirque était un fait récemment accompli. Toute la presse avait accueilli avec joie cette nouvelle officielle.

M. Hugelmann, qui tenait à conserver ses bonnes relations avec M. Billion, se ligua avec lui contre son futur successeur, (*Lettre de M. Billion à l'appui*), et la pièce du *Cri-Cri* fut complétement délaissée pour les affaires de Cabourg-Dives et sacrifiée à des intérêts de personnalité et de haine.

Une partie importante de l'emprunt avait été laissée dans les mains du prêteur, qui, cependant, avait en sa possession le reçu signé de la somme totale de 10,500 francs.

Le sieur Héblot tomba gravement malade. Il pouvait décéder. Ce qui aurait fait supporter aux trois auteurs du *Cri-Cri* une perte de 6,500 francs.

M. Hugelmann eut encore l'adresse d'emprunter 500 fr. à

M. Fanfernot. Il devait lui remettre cette somme, ainsi que celle qu'il avait remboursée au sieur Héblot, dans un délai rapproché. De son côté, Borssat avait aussi prêté sur l'emprunt diverses sommes à M. Hugelmann, qui, pressé par ses créanciers, partait pour Marseille sans terminer le manuscrit de la féerie, chargeait M. Henri de Kock d'écrire la pièce, et cela sans consulter ni Borssat, ni M. Fanfernot.

Aux termes du traité du 15 septembre, la féerie devait être mise en répétition après les représentations de *Maurice de Saxe ;* mais M. Hugelmann ne donnait plus signe d'existence. M. Billion, en *homme reconnaissant,* faisait signifier une mise en demeure aux trois auteurs du *Cri-Cri,* avec déclaration que du fait de M. Hugelmann leur pièce ne serait pas jouée au mois de janvier 1859.

Borssat et M. Fanfernot firent aussi sommation à leur collaborateur infidèle d'avoir à livrer le manuscrit *achevé* selon le traité du 15 septembre ; mais M. Hugelmann ne répondit pas.

M. Fanfernot, ne voulant pas perdre trois années de travail, aidé d'un collaborateur officieux, M. Morizot, l'un des fondateurs de la *Lice chansonnière,* et une de nos célébrités de la chanson, *termina littérairement* cette féerie qui devait faire tant de bruit, non au théâtre, mais dans la presse et devant les tribunaux.

Borssat était resté dans l'inaction la plus complète. Cependant M. Fanfernot, par respect pour les traités, communiqua les deux premiers actes à Borssat, puis en fit lecture à M. Billion, *qui les accepta.*

Le troisième acte allait être porté au théâtre lorsque M. Hugelmann revint à Paris pour déposer son bilan. Mais son retour et sa mauvaise position devaient amener de nouvelles complications.

M. Hugelmann, qui avait, dès le 15 septembre, résolu d'*être seul l'auteur du Cri-Cri,* et qui voulait donner une garantie à ses créanciers, se rendit auprès de M. Billion et s'entendit avec lui pour évincer ses collaborateurs.

M. Hugelmann sera secondé, à la condition qu'il acceptera en collaboration mademoiselle Pauline Thys, jeune personne protégée par M. Billion, à laquelle il devra revenir la moitié de la gloire et la moitié de l'argent.

Mais Borssat ? Borssat n'est pas sérieux ; M. Billion lui promet un emploi dans la nouvelle direction que, dit-il, il sollicite. A ce prix, la majorité se ligue contre M. Fanfernot.

Une nouvelle féerie est mise en chantier. Ce sera de même *le Cri-Cri ;* seulement, pour se débarrasser de M. Fanfernot, on changera les costumes, le nom des personnages, les tableaux, puis la fable tout entière. Quant aux trucs, on les mettra où l'on pourra, et, de plus, M. Fanfernot sera forcé de les livrer ; il deviendra l'ouvrier de M. Hugelmann et de mademoiselle Pauline Thys. S'il proteste et s'il refuse, on le menacera d'une *action correctionnelle en détournement de fonds*.

Qu'importe l'impossibilité où se trouvera M. Fanfernot d'exécuter le travail matériel de la *nouvelle pièce*, M. Billion ne tient pas à un succès, ne voulant pas laisser au répertoire du Cirque une pièce qui pourrait profiter à son successeur.

MM. Billion et Hugelmann avec mademoiselle Thys se mettent à l'œuvre pour détruire la pièce reçue le 15 septembre.

Ici, Borssat n'est plus considéré comme auteur. Il sera, ainsi que M. Fanfernot, un machiniste aux ordres de M. Hugelmann et de mademoiselle Thys.

Borssat se révolte, son orgueil est froissé ; il proteste à son tour, — lui qui a rêvé d'être auteur, — et se range du côté de M. Fanfernot. Celui-ci est énergique, et, du reste il a le bon droit pour lui.

« En avant ! écrit Borssat à M. Fanfernot, attaquons Billion commercialement et civilement, demandons 50,000 francs de dommages-intérêts pour *votre* éléphant, pour *vos* effets de lumière brevetés et pour *votre* pièce détruite. Billion et Hugelmann veulent nous tromper. »

A la suite de cette lettre, Borssat rédige un mémoire, le remet à M. Fanfernot et veut commencer un procès. (*Pièces à l'appui.*)

Un ami de M. Fanfernot, M. le marquis de Fonvielle se charge officieusement de ses intérêts, intervient au milieu des débats et cherche à concilier tout le monde.

Cela devait amener des lenteurs.

M. Fanfernot a un atelier et des ouvriers à soutenir. Une partie des sommes empruntées a été employée aux maquettes remises à M. Billion. Les autres trucs sont en cours d'exécution. Le prêteur apprend que ce n'est plus le *Cri-Cri* de M. Fanfernot qui sera joué et refuse de remettre l'argent qui lui est resté dans les mains.

M. Fanfernot va se voir à la veille de fermer son atelier, de renvoyer ses ouvriers et de laisser son travail inachevé. Il est donc obligé de faire faire sommation au sieur Héblot d'avoir à compléter la somme de 9,000 francs. (*Pièces à l'appui.*)

Le sieur Héblot refuse encore. Les lenteurs continuent et le papier timbré surgit de tous côtés.

Il faut en finir. Par un quatrième traité, M. Fanfernot accepte la collaboration de mademoiselle Thys, *à la condition que la pièce primitive ne sera pas changée*, Mademoiselle Thys ne devant faire que quelques couplets et de la musique.

Un supplément de 3,000 francs, à titre d'indemnité, est accordé à M. Fanfernot pour les retards apportés par MM. Billion et Hugelmann aux représentations du *Cri-Cri*; — ce qui fixe, avec la prime, le chiffre dû au sieur Héblot à 13,800 francs.

Enfin, par galanterie, M. Fanfernot consent à ce que le nom de mademoiselle Thys précède le sien sur l'affiche.

Un mois est accordé pour la remise et la lecture de la pièce. Elle sera reçue à la majorité des voix et en présence de M. le marquis de Fonvielle ; mais M. Hugelmann devait ne pas encore exécuter ce quatrième traité. (*Pièces et mise en demeure à l'appui.*)

Pourtant, le jour de la lecture était arrivé. M. Billion, violant la clause d'acceptation du quatrième traité, déclara qu'il acceptait la pièce telle qu'elle venait d'être lue.

M. Fanfernot protesta d'une manière formelle, le travail matériel de la pièce, dont on avait fait lecture étant impossible à exécuter. (*Lettre de M. le marquis de Fonvielle à l'appui.*) Mais de nombreuses modifications lui ayant été promises, il assista à la lecture qui fut faite cette fois aux artistes.

A la fin du premier acte, un profond sommeil s'empara de l'assemblée, et M. Billion, quoiqu'un des auteurs de l'œuvre, à l'exemple de ses pensionnaires, ne se réveilla que lorsque M. Hugelmann eut terminé.

Pendant le cours des répétitions de la nouvelle pièce, M. Hugelmann fait disparaître peu à peu tout ce que mademoiselle Thys a écrit, ce qui autorise M. Fanfernot, dans l'intérêt et pour la dignité de la protégée de M. Billion, de la mettre au défi d'y reconnaître un seul tableau, une seule scène qu'elle puisse revendiquer.

Borssat, lui, acceptera la responsabilité de toutes les tristes choses que renferme cette malheureuse pièce, et dont il est innocent. Son but est atteint. Il a voulu être de la Société des auteurs dramatiques, peu lui importe par quel chemin il y sera venu.

Il ne reste donc en opposition contre MM. Billion et Hugelmann que M. Fanfernot, qui refuse de signer une œuvre semblable. (*Pièces à l'appui.*)

Malgré les protestations judiciaires de M. Fanfernot, M. Billion passe outre, se fiant au peu de fortune de son adversaire pour soutenir contre lui un procès. De concert avec M. Hugelmann, il l'expulsera donc et ne lui laissera pas même la gloire de quelques trucs qui sont restés dans l'œuvre qu'on va représenter sous le titre du *Cri-Cri.*

On promet à Borssat qu'il aura son nom sur l'affiche. Alors il abandonne M. Fanfernot pour se donner corps et âme à la ligue qui est formé contre ce dernier.

Borssat et M. Hugelmann feront entrer dans cette ligue Raygnard, l'*ex-ouvrier* de M. Fanfernot, chez lequel il a travaillé pendant cinq mois.

En sortant des ateliers de M. Fanfernot, Raygnard entre au service de M. Billion.

Borssat et M. Hugelmann lui fabriqueront et lui délivreront un certificat mensonger, par lequel ils le reconnaîtront l'inventeur des trucs de son patron.

Ils iront jusqu'à employer la diffamation contre M. Fanfernot pour tâcher de prouver qu'il n'a aucun droit à la collaboration du *Cri-Cri*, ni littérairement ni matériellement.

Cependant M. Fanfernot est sommé d'avoir à livrer le reste des trucs et accessoires qui ne figurent pas dans la pièce, puis il est assigné devant la chambre des référés, et M. Benoît-Champy, jugeant qu'il n'y a pas lieu à référé, renvoie les parties à se pourvoir au principal.

Nous croyons devoir publier ici la lettre adressée par M. Fanfernot à *Paris-Journal* et insérée dans le numéro du 28 juillet 1859.

« Paris, le 27 juillet 1859.

« Monsieur le Rédacteur,

» *Paris Journal,* dans sa Chronique du palais, annonce un procès entre trois messieurs qui ont littérairement inventé et fait exécuter les trucs de la féerie *le Cri-Cri.*

» Soyez donc assez bon pour insérer ces quelques lignes de rectification.

» M. Fanfernot, l'auteur de la féerie *le Cri-Cri*, reçue il y a un an à l'Ambigu, et depuis au Cirque-Impérial, avait pris pour collaborateur M. Hugelmann ; M. Billion a trouvé très habile de changer, avec le concours de *M. Hugelmann seul*, toute la pièce, et cela malgré les protestations judiciaires de M. Fanfernot, qui refuse de donner une partie de ses trucs et son nom à une pièce qui n'est plus la sienne ; de là le procès.

» Agréez, etc.,

» ERNEST FANFERNOT,

» Ex-auteur du *Cri-Cri*. »

Alors ses adversaires cherchent par tous les moyens, même des plus infâmes, de perdre l'auteur primitif du *Cri-Cri*.

Borssat ne reculera devant aucune action honteuse. Il s'entendra avec Jacob, qui, sur la signature de M. Fanfernot, lui a prêté 600 francs ; et comme Jacob est porteur des billets de ce dernier, on *organisera* un complot pour saisir les trucs de la féerie, qui ont échappé aux adversaires de M. Fanfernot par suite du référé. *On fera* même son possible pour le faire incarcérer à la prison pour dettes. (*Pièces à l'appui.*)

Sur l'emprunt collectif, M. Fanfernot a disposé de 1,000 francs pour le retrait de l'éléphant mécanique du théâtre de la Porte-Saint-Martin, lesquels devaient lui être remboursés par M. Billion (1). (*Pièces à l'appui.*)

M. Hugelmann doit l'argent prêté et non remboursé, ainsi que celui employé pour le dîner offert à M. Billion.

Borssat aussi garde les sommes qu'il doit remettre à M. Fanfernot. (*Pièces à l'appui.*)

Raygnard profite de cette perturbation amenée par M. Bil-

---

(1) Le Tribunal de commerce de Paris a débouté M. Fanfernot de sa demande contre M. Billion par suite de la dénégation de ce dernier, appuyée de deux déclarations mensongères de Borssat et M. Hugelmann. Cette affaire doit revenir devant la Cour impériale.

lion. Et, se servant de la fausse déclaration qui lui a été faite par Borssat et M. Hugelmann, intente à son tour un procès, et vient se poser comme *cinquième collaborateur*.

A l'exception de mademoiselle Thys, tous protestent, y compris M. Billion; mais Raygnard, assisté d'un avocat habile, gagne son procès.

La conscience des juges a été surprise.

M. Fanfernot, qui avait entendu dire que la maquette *du truc de l'arbre* avait été soustraite au théâtre du Cirque, est étonné de la retrouver à l'audience entre les mains de l'avocat de Raygnard.

Cette maquette appartenait à M. Fanfernot comme ayant été exécutée sous ses ordres dans ses ateliers, et avait été livrée par lui avec les autres maquettes à M. Billion. (*Certificat délivré par les ordres de M. Billion à l'appui.*)

On a dû remarquer que, dans ce procès, Raygnard est qualifié de *chef mécanicien-trucquiste, et inventeur de systèmes nouveaux* (1); tandis que M. Fanfernot a seul le droit de revendiquer cette qualité avec son titre d'auteur.

Borssat, malgré sa déclaration signée, interjette appel.

M. Fanfernot, aussi, interjettera appel d'un jugement qui rendrait comme précédent toute espèce de pièces à trucs impossibles. Dans ce procès, M. Fanfernot fera la lumière là, où ses adversaires voudraient faire la nuit.

D'un côté, M. Billion a donné à M. Fanfernot une preuve qu'il a livré les maquettes du *Cri-Cri* pour lui servir contre Raygnard; tandis que d'un autre côté il avait fait remettre à Borssat et M. Hugelmann une déclaration contraire par ministère d'huissier. Sans doute M. Billion espérait rester derrière le

(1) Une déclaration collective des machinistes du Cirque constate l'incapacité de Raygnard.

rideau dans toute sa ténébreuse affaire, dont il est presque l'instigateur et le premier coupable.

Pendant les répétitions, par suite de changements successifs, la féerie se trouve transformée pour la troisième fois.

L'œuvre est épouvantable, les artistes se récrient, M. Billion lui-même en est effrayé.

Mais il a pris une décision : *La première représentation aura lieu pour le spectacle gratis du* 15 *août !*

Par ce moyen on évitera la critique et les sifflets, et la pièce passera...

Quoique M. Fanfernot se soit abstenu de paraître à la première représentation, son nom est annoncé au public, porté sur l'affiche, et plus tard publié sur la brochure.

Maintenant M. Hugelmann, armé de la déclaration de M. Billion, fait de la diffamation contre M. Fanfernot : Après l'avoir trahi dans sa collaboration, il l'attaque dans son honneur.

Mais lui, pour donner un témoignage de son honorabilité, malgré la délégation qu'il a faite au sieur Héblot, laisse grever son quart des droits d'auteur d'une somme de 20,000 francs (1); et, à bout d'expédients, va vendre seul à M. Michel Lévy, éditeur, sans l'autorisation d'aucun de ses collaborateurs, le manuscrit de la féerie le *Cri-Cri*, empoche l'argent et disparaît.

Outre les pièces judiciaires, des lettres de M. Billion, de M. Hugelmann, de Borssat, et autres documents, viennent à l'appui de toutes les vérités contenues dans ce mémoire.

En résumé, la féerie le *Cri-Cri*, qui vient de disparaître de la scène, a été un véritable événement pour le théâtre et pour la presse.

Nous citerons, pour mémoire, quelques fragments de divers journaux.

(1) Un procès intenté à cet effet par le sieur Héblot est pendant devant le Tribunal civil.

On lit dans la *Gazette de Paris* du 4 août 1859, après le compte-rendu du référé qui eut lieu entre les auteurs du *Cri-Cri* :

« C'est en vain — comme disent les avocats, — que le sieur Billion chercherait à tromper l'opinion publique. Que cet estimable directeur nous fasse l'honneur de nous dire quelle différence il y a entre recevoir 13,500 francs en argent ou 13,500 francs en trucs ; que M. Billion cherche un secrétaire qui puisse nous persuader qu'il est d'usage que les auteurs fassent les frais de leurs pièces ; que M. Billion, pendant qu'il détient encore son privilége, nous montre un article de son privilége qui lui donne le droit, à lui directeur de théâtre, de faire participer les auteurs aux chances mauvaises de son entreprise ; qu'il nous prouve l'intérêt que l'art trouverait à ces transactions ; qu'il nous démontre qu'une œuvre est meilleure lorsque les auteurs ont payé les trucs ; qu'il nous explique comment feront les auteurs pauvres pour produire leurs travaux ; et si ses explications sont convaincantes, nous nous rendrons volontiers à son opinion. Jusque-là nous gardons la nôtre.

« La féerie de *Cri-Cri* commence à devenir fatigante. On ne saurait se figurer les mille péripéties auxquelles sa naissance a donné lieu : elles sont fort plaisantes ; nous pourrons les raconter un jour, et bien d'autres singularités de la direction Billion, qui ne laisseront pas que d'égayer nos lecteurs.

« M. Fanfernot, le seul qui aurait pu se plaindre, nous a écrit une lettre pleine de convenances et de bonnes raisons ; nous nous sommes empressés de la publier dans le *Figaro-Programme* et nous la reproduisons ici, en souhaitant que M. Billion la comprenne ; mais nous craignons bien que la leçon ne soit perdue pour lui.

« Jules Noriac. »

A M. Jules Noriac, rédacteur en chef du *Figaro-Programme* :

« Monsieur,

» Le compte-rendu dans plusieurs journaux, et notamment dans *l'Entr'Acte*, d'un référé au sujet de *Cri-Cri*, la grande féerie du Cirque, m'a » présenté, par *la bonne foi de mes adversaires*, comme le machiniste de ma » pièce. Jusqu'à présent j'ai sottement fait de la modestie. M. Hugelmann, » l'illustre auteur du *Fils de l'Aveugle*, beaucoup plus habile que moi, pense

» qu'il est plus honorable de faire une mauvaise pièce seul, que de reconnaître, comme il le faisait il y a quelques mois dans votre journal, qu'il n'était que mon collaborateur ; il a oublié cette rectification, faite par intimidation, en ma présence.

» Puisque l'on m'a sorti de l'obscurité, je dois la vérité au public. Je tiens à constater que le référé n'a pas été favorable à mon adversaire. Mᵉ Langlois, mon avocat, a prouvé en quelques mots que j'étais l'auteur de la pièce *le Cri-Cri* et non le machiniste. Depuis un an je proteste contre le mauvais vouloir de M. Billion et l'orgueil ridicule de M. Hugelmann.

. . . .

. . . .

» M. Billion a été jaloux : il a changé mon enfant en nourrice ; M. Hugelmann a consenti à en être seul le parrain.

» Mon cher Monsieur, publiez ma réponse aux attaques de mes adversaires, et vous aurez fait un acte de justice et une bonne action.

» Je n'attends pas moins de l'impartialité du *Figaro-Programme*.

» Ernest FANFERNOT,

» Ex-auteur du *Cri-Cri*. »

« 27 juillet 1859. »

Dans *la Gazette des Théâtres* ce passage de l'article signé *Albert Monnier* :

« L'historique de cette féerie serait peut-être chose curieuse à écrire pour nos neveux à propos de l'histoire de la collaboration dramatique au XIXᵉ siècle.

» Fanfernot *combine une pièce* destinée à faire valoir les trucs qu'il a imaginés. Il s'adjoint quelques amis qui lui font les couplets *de sa pièce*..., etc.

Puis, dans le journal *le Théâtre* :

« — Il est question, depuis quelque temps, d'une grande féerie en trente-deux tableaux que l'on monte avec un luxe inusité.

» Cette féerie, reçue d'abord à l'Ambigu par M. Desnoyers, qui voyait dans cette pièce un de ces succès qui sauvent un théâtre, avait pour auteurs MM. Borssat et Fanfernot. — M. Desnoyers mourut : l'Ambigu recula devant la dépense.

» Depuis, M. Borssat fit recevoir cette féerie au théâtre de M. Billion.

» Déjà, peintres, décorateurs sont à l'œuvre. Fanfernot a exécuté en relief tous les costumes ; des ballets nouveaux sont exécutés ; une armée de Lilliputiens, automates mécaniques, exécutent déjà leurs évolutions. Les auteurs engagent 10,000 francs dans l'exécution de leurs inventions, M. Billion, 100,000 francs. Tous comptent donc sur un de ces succès qui font époque.

» Un nom déjà connu s'adjoint à ces auteurs : M. Hugelmann, qui cède à ces messieurs son esprit littéraire, et donne une chance de plus au succès.

» Donc, souhaitons succès au *Cri-Cri* de MM. Borssat, Hugelmann et Fanfernot. »

Enfin, dans *le Propagateur* du 27 août 1859 :

« Le *Cri-Cri !*

» O vérité ! à quel doute nous avez-vous conduit ? Douces illusions ! candides aspirations du jeune âge ! comme vous êtes emportées par le tourbillon des désenchantements ! et que de rêves évanouis sur le palier d'un théâtre ! Telles sont les réflexions qui viennent nous assaillir en pensant à la féerie le *Cri-Cri*.

» Cette féerie était l'œuvre de M. Ernest Fanfernot. L'originalité des trucs, la richesse des costumes, la magnificence des décors, un travail matériel de quatre années, tout, enfin, était venu compléter son œuvre intellectuelle.

» Cette féerie avait été reçue par feu Ch. Desnoyers, le directeur de l'Ambigu, littérateur distingué et homme de goût, et elle devait bien avoir quelque mérite. Nous qui l'avons lue, nous dirons que c'est une œuvre gaie, bien pensée et morale. Tous les couplets sont écrits avec un style fleuri, poétique et jovial par M. *Morizot*, ancien membre de la Lice chansonnière.

. . . .

» Nous ne parlerons donc pas de la féerie que M. Billion fait représenter en ce moment sur la scène du Cirque sous le nom de quatre collaborateurs, parmi lesquels figure, cependant, M. Fanfernot. Il y a procès pendant devant les tribunaux civils, et ce n'est que lorsqu'ils auront prononcé que nous dirons la vérité à nos lecteurs. Nous avons voulu seulement constater que le *Cri-Cri* du Cirque n'est pas le VRAI CRI-CRI.

» Eugène CHATELAIN. »

« M. Fanfernot, le seul qui ait le droit de se plaindre, » dit *la Gazette de Paris* du 4 août 1859, n'a que deux partis à prendre :

Se résigner à perdre dix années de travail, ses brevets, la

propriété de ses inventions, et à subir un déshonneur littéraire qui lui ferme la porte de tous les théâtres ;

Ou alors, sans ressources pécuniaires, sans protections, mais fort de son droit et du principe de propriété intellectuelle, tant pour lui que pour les intelligences qui sont étouffées avant de se produire, à combattre énergiquement pour le salut de tous.

C'est à ce dernier parti qu'il s'arrêtera.

« Nous sommes dans un siècle, écrivait M. Fanfernot à M. *Jules Noriac* le 31 août dernier, où, malheureusement, quand on ne possède pas en littérature un nom fait, il faut beaucoup de cœur et de courage pour défendre sa place au soleil de l'intelligence, surtout si l'on tombe, pour ses débuts, dans les mains de trois ou quatre nullités dirigées par des hommes tels que M. Billion. »

Figaro du 3 septembre 1859.

La veille de la répétition générale du *Cri-Cri*, M. Fanfernot se rend au Cirque. Il y est insulté grossièrement et publiquement par M. Billion.

Le lendemain, il va auprès de M. Camille Doucet, chef de la section des théâtres, pour réclamer justice, ainsi qu'il l'avait déjà demandée à Son Excellence M. le ministre d'État.

Puis il viendra, devant les tribunaux et dans la presse, demander, dans l'intérêt général, si un directeur a le droit, par des promesses fallacieuses et des traités équivoques, de détourner à son profit, pour la détruire, une pièce qui, par la moralité de sa fable, la richesse de ses costumes, la nouveauté de sa machination et des effets inconnus au théâtre, — innovations garanties par des brevets, — était appelée à un grand succès ?

Si, dis-je, ce directeur, de son autorité privée, et guidé par un sentiment de jalousie et de haine, a le droit de détruire l'œuvre qu'il s'était engagé de produire sur la scène qu'il dirige, de faire éprouver à son auteur la perte totale d'un travail matériel de plusieurs années, et de priver le public du progrès apporté au théâtre, la grande école du peuple ?

Est-il utile, moral et digne, dans l'intérêt des auteurs, des artistes et du théâtre, que l'intelligence que nous tenons de la Providence soit sacrifiée au capital inintelligent qui détruit au lieu de féconder ?

Est-il juste, enfin, que celui qui a créé cette œuvre soit diffamé, ruiné, réduit à la dernière extrémité, et cela au profit d'un directeur de mauvaise foi, mais deux fois millionnaire ?

Le capital de M. Billion doit-il servir à écraser l'homme honorable qui veut entrer au théâtre, non comme certains de ses collaborateurs, par la porte basse de l'intrigue, mais par la grande porte, celle de la loyauté, de l'intelligence et du progrès ?

Telles sont, Messieurs, les questions que M. Fanfernot vient soumettre à votre haute appréciation et à votre bienveillance pour un dernier venu parmi vous, quoique le pouvoir supérieur ait déjà prononcé en frappant de déchéance M. Billion.

Si, contre ce directeur enrichi qu'il attaque, il échoue faute de moyens pécuniaires, il aura pour consolation l'espoir d'avoir votre estime, et d'entendre dire par plusieurs d'entre vous : HONNEUR AU COURAGE MALHEUREUX !

Ernest FANFERNOT,

Auteur de la *vraie féerie le Cri-Cri.*

La presse m'ayant ouvert généreusement ses colonnes, je me fais un devoir de remercier publiquement la *Gazette de Paris*, *Paris Journal*, *Figaro*, la *Gazette des Théâtres*, le *Journal-Amusant*, *Figaro-Programme*, *le Monde-Illustré*, *le Propagateur et le Théâtre*, et particulièrement MM. JULES NORIAC et EUGÈNE CHATELAIN.

En terminant j'adresse un témoignage de reconnaissance à *Me Langlois*, mon avocat, et à *Me Degournay*, mon avoué.

E. FANFERNOT.

Paris, rue du Buisson-Saint-Louis, n° 26.

PARIS. — Typographie d'Émile ALLARD, rue d'Enghien, 1?.

Paris. — Typ. d'Ém. ALLARD, rue d'Enghien, 14.

www.ingramcontent.com/pod-product-compliance
Ingram Content Group UK Ltd.
Pitfield, Milton Keynes, MK11 3LW, UK
UKHW021036220726
13924UKWH00001B/361